L'APAISEMENT réside en chacun DE NOUS.

– Le dalaï-lama –

QUAND VOUS ARRÊTEZ
DE PENSER À VOUS TOUT LE TEMPS,
UN CERTAIN SENTIMENT DE REPOS
VOUS ENVAHIT.

– *Leonard Cohen* –

La lecture encombre la mémoire et empêche de penser.

— H. G. WELLS —

Il n'existe rien de constant si ce n'est le changement.

— BOUDDHA —

LA TOMBÉE DE LA NUIT A TOUJOURS ÉTÉ POUR MOI LE SIGNAL D'UNE FÊTE INTÉRIEURE ET COMME LA DÉLIVRANCE D'UNE ANGOISSE.

– Charles Baudelaire –

ACCEPTE CE QUI EST,
LAISSE ALLER CE QUI ÉTAIT,
AIE CONFIANCE EN CE QUI SERA.

– *Bouddha* –

LA TENSION EST
QUI VOUS PENSEZ QUE VOUS DEVRIEZ ÊTRE.
LA RELAXATION EST QUI VOUS ÊTES.

– Proverbe chinois –

Nul ne peut ATTEINDRE L'AUBE SANS PASSER par le chemin de la nuit.

- KHALIL GIBRAN -

ON TROUVE UN CERTAIN CHARME
À RÉPANDRE DES PLEURS :
EN APAISANT NOTRE ÂME,
ILS CALMENT NOS DOULEURS.

– *Ovide* –

UN RÊVE
EST UN SOUHAIT
QUE VOTRE CŒUR FAIT
QUAND VOUS DORMEZ
PROFONDÉMENT.

- *Walt Disney* -

Méditer, c'est entrer en soi sans quitter le monde.

- ROBERT SABATIER -

Si un problème a une solution,

ALORS IL EST INUTILE DE S'EN INQUIÉTER.

Mais s'il n'en a pas,

S'INQUIÉTER NE CHANGERA RIEN.

– Proverbe tibétain –

QUAND ON NE TROUVE PAS SON REPOS EN SOI-MÊME, IL EST INUTILE DE LE CHERCHER AILLEURS.

– François de La Rochefoucauld –

OÙ VA la nuit,
le rêve VA.

– Proverbe russe –

LA RIGIDITÉ ET LA DURETÉ
SONT LES COMPAGNONS DE LA MORT.
LA DOUCEUR ET LA DÉLICATESSE
SONT LES COMPAGNONS DE LA VIE.

- Lao Tseu -

LE RÊVE
EST L'AQUARIUM
DE LA NUIT.

– Victor Hugo –

LA PAROLE
APAISE
LA COLÈRE.

– Eschyle –

LE SUCCÈS,
C'EST D'ALLER D'ÉCHEC
EN ÉCHEC SANS PERDRE
SON ENTHOUSIASME.

– Winston Churchill –

Il n'est de GRAND AMOUR
QU'À L'OMBRE d'un grand rêve.

- EDMOND ROSTAND -

DIEU A RENDU LE TRAVAIL ET LE REPOS,
COMME LE JOUR ET LA NUIT,
ALTERNATIFS POUR L'HOMME :
LA ROSÉE DU SOMMEIL, TOMBANT À PROPOS
AVEC SA DOUCE ET ASSOUPLISSANTE
PESANTEUR, ABAISSE NOS PAUPIÈRES.

- *John Milton* -

LES BRAS DES MÈRES
SONT FAITS DE TENDRESSE,
LES ENFANTS Y DORMENT
PROFONDÉMENT.

- *Victor Hugo* -

Comme il est beau de ne rien faire,
puis de se reposer ensuite.

– PROVERBE ESPAGNOL –

De temps en temps,
il faut se reposer de ne rien faire.

– *Jean Cocteau* –

Le voyage
est une espèce de porte par où
l'on sort de la réalité comme pour pénétrer
dans une réalité inexplorée
qui semble un rêve.

– GUY DE MAUPASSANT –

L'apaisement de la sagesse,

ÇA VIENT AVEC L'ÂGE.

Vieillis vite pendant que

T'ES ENCORE JEUNE ....,

t'en profiteras bien plus longtemps !

— ROBERT BLONDIN —

Le tigre AUSSI
A BESOIN de sommeil.

- Proverbe chinois -

LES GENS HEUREUX
N'ONT PAS BESOIN
DE SE PRESSER.

- Lao Tseu -

LE BONHEUR C'EST DU MALHEUR QUI SE REPOSE,
ALORS IL NE FAUT PAS LE RÉVEILLER ...

- Léo Ferré -

ON NE DOIT PAS PERMETTRE
À L'HORLOGE ET AU CALENDRIER
DE NOUS RENDRE AVEUGLES AU FAIT
QUE CHAQUE MOMENT DE LA VIE
EST UN MIRACLE ET UN MYSTÈRE.

- *H. G. Wells* -

LA BONNE HUMEUR
A QUELQUE CHOSE DE GÉNÉREUX :
ELLE DONNE PLUTÔT QU'ELLE
NE REÇOIT.

– *Alain* –

Tout ce que vous voulez
est de l'autre côté de la peur.

- GREG BRADEN -

EFFACE LE GRIS DE TA VIE
ET ALLUME LES COULEURS
QUE TU POSSÈDES À L'INTÉRIEUR.

– *Pablo Picasso* –

À l'hiver
succède toujours le printemps.

– Nichiren Daishōnin –

Le sommeil est
la meilleure des méditations.

– Le dalaï-lama –

Le sommeil est encore plus parfait quand on le partage avec un être aimé.

— D. H. LAWRENCE —

ET GARDE TES RÊVES.
TU NE PEUX JAMAIS SAVOIR
À QUEL MOMENT
TU EN AURAS BESOIN.

– Carlos Ruiz Zafón –

L'amour,

C'EST LE CRI DE L'AURORE,

l'amour,

C'EST L'HYMNE DE LA NUIT.

– Victor Hugo –

LA PAIX N'EST PAS UN OBJECTIF LOINTAIN,
MAIS UN MOYEN D'ATTEINDRE NOTRE OBJECTIF.

– *Martin Luther King* –

Je vous laisse être DANS MES RÊVES

SI JE PEUX *être dans les vôtres.*

- BOB DYLAN -

DANS LA NUIT, IL Y A LES ÉTOILES
ET LE MOUVEMENT TÉNÉBREUX DE LA MER,
DES FLEUVES, DES FORÊTS, DES VILLES,
DES HERBES, DES POUMONS DE MILLIONS ET
MILLIONS D'ÊTRES. DANS LA NUIT, IL Y A
LES MERVEILLES DU MONDE. DANS LA NUIT,
IL N'Y A PAS D'ANGES GARDIENS MAIS IL Y A
LE SOMMEIL. DANS LA NUIT IL Y A TOI.
DANS LE JOUR AUSSI.

- Robert Desnos -

IL FAUT S'ENDURCIR,
SANS JAMAIS SE DÉPARTIR
DE SA TENDRESSE.

– Che Guevara –

Le rêve est le gardien du sommeil.

– SIGMUND FREUD –

Le rire et le sommeil
sont les meilleurs remèdes du monde.

– Proverbe irlandais –

QUAND ON VA au bout de la nuit,
on rencontre UNE AUTRE AURORE.

- Georges Bernanos -

LE MOMENT PRÉSENT
A UN AVANTAGE SUR TOUS LES AUTRES :
IL NOUS APPARTIENT.

– *Charles Caleb Colton* –

Plus on prend de la hauteur

et plus on voit loin.

– PROVERBE CHINOIS –

LA VIE EST UN SOMMEIL,

l'amour en est le rêve,

ET VOUS AUREZ VÉCU

si vous avez aimé.

— ALFRED DE MUSSET —

LA CLARTÉ,
C'EST JUSTE UNE RÉPARTITION
D'OMBRES ET DE LUMIÈRE.

- *Goethe* -

NOUS SOMMES FAITS
DE L'ÉTOFFE DE NOS RÊVES
ET NOTRE PETITE VIE
EST ENTOURÉE DE SOMMEIL.

- William Shakespeare -

Les belles NUITS
FONT LES beaux jours !

- Eugène Scribe -

Ô DOUX SOMMEIL, Ô NUIT HEUREUSE !
PLAISANT REPOS PLEIN DE TRANQUILLITÉ,
CONTINUEZ TOUTES LES NUITS MON SONGE.

– *Louise Labé* –

Un rêve

SANS ÉTOILES

est un rêve

OUBLIÉ.

– *Paul Éluard* –

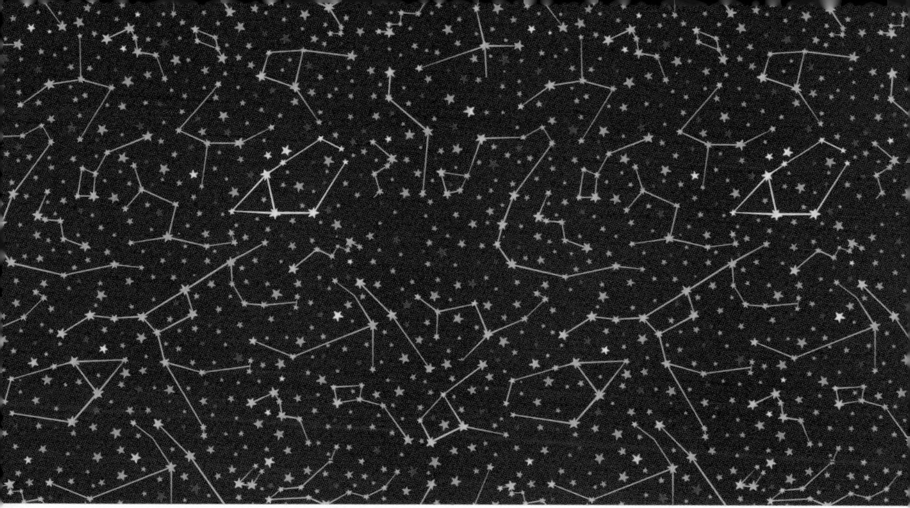

LES JOUISSANCES DE L'ESPRIT SONT FAITES POUR CALMER LES ORAGES DU CŒUR.

– Madame de Staël –

UN SOURIRE COÛTE MOINS CHER
QUE L'ÉLECTRICITÉ,
MAIS DONNE AUTANT DE LUMIÈRE.

– Abbé Pierre –

Le bonheur, c'est lorsque vos actes sont en accord avec vos paroles.

- GANDHI -

LES SEULES PENSÉES ZEN
QUE VOUS PUISSIEZ TROUVER
EN HAUT D'UNE MONTAGNE
SONT CELLES QUE VOUS AVEZ
APPORTÉES AVEC VOUS.

– Robert Pirsig –

Paresse : habitude prise
de se reposer avant la fatigue.

– Jules Renard –

POUR S'ÉLEVER IL FAUT
D'ABORD DESCENDRE EN SOI.

– Voltaire –

SI ON CESSE DE SE PRENDRE LA TÊTE ET SE LAISSE PORTER PAR SON INFLUX POSITIF, FAÇON ZEN, DES SOLUTIONS APPARAISSENT.

- *Helen Fielding* -

NE LAISSE PERSONNE *venir à toi*
et repartir sans ÊTRE PLUS HEUREUX.

- Mère Teresa -

TOUS LES HOMMES PENSENT QUE LE BONHEUR SE TROUVE AU SOMMET DE LA MONTAGNE ALORS QU'IL RÉSIDE DANS LA FAÇON DE LA GRAVIR.

– *Confucius* –

Ce n'est que quand il fait nuit que les étoiles brillent.

– WINSTON CHURCHILL –

La beauté est dans les yeux de celui qui regarde.

– OSCAR WILDE –

La musique
nous aide à construire nos vies spirituelles,
nous apaise, nous console, nous redonne de la joie,
nous rend allègre, nous fait danser, chanter.

– ÉRIC-EMMANUEL SCHMITT –

Le rêve est une seconde vie.

JE N'AI PU PERCER SANS FRÉMIR

ces portes d'ivoire ou de corne

QUI NOUS SÉPARENT

du monde invisible.

– GÉRARD DE NERVAL –

L'idéal DU CALME
EST DANS UN chat assis.

- Jules Renard -

C'EST LA NUIT QU'IL EST BEAU
DE CROIRE À LA LUMIÈRE.

- Edmond Rostand -

DANS TOUS
LES CAS,
L'ESPÉRANCE
MÈNE PLUS LOIN
QUE LA CRAINTE.

– *Ernst Jünger* –

IL Y A
UN APAISEMENT
AU FOND DE
TOUTE GRANDE
IMPUISSANCE.

– *Marguerite Yourcenar* –

CE QU'IL FAUT
CHERCHER ET TROUVER,
C'EST LA DOUCEUR SEREINE
D'UNE INÉBRANLABLE PAIX.

– Alexandra David-Néel –

LA CAPACITÉ D'IMAGINER
EST PLUS APAISANTE
QUE LA VIE ELLE-MÊME...

- Tahar Ben Jelloun -

CHAQUE FOIS QUE L'ON POSE

un acte de tendresse, d'affection, d'amour,

ON MODIFIE UN TOUT PETIT PEU

l'avenir de l'humanité

DANS LE BON SENS.

– Christophe André –

L'HOMME QUI DÉPLACE
UNE MONTAGNE
COMMENCE PAR DÉPLACER
LES PETITES PIERRES.

– *Confucius* –

FAIS DE TA VIE UN RÊVE,
ET D'UN RÊVE, UNE RÉALITÉ.

– *Antoine de Saint-Exupéry* –

Il est grand TEMPS
DE RALLUMER les étoiles.

- GUILLAUME APOLLINAIRE -

J'AI DANS MA VIE FAIT DES RÊVES
QUI SONT RESTÉS À JAMAIS GRAVÉS EN MOI
ET ONT MODIFIÉ MA FAÇON DE VOIR.
ILS ONT ENVAHI TOUT MON ÊTRE,
COMME UNE GOUTTE DE VIN DANS DE L'EAU,
ET ALTÉRÉ LA COULEUR DE MES PENSÉES.

- Emily Brontë -

DANS MES NUITS SANS SOMMEIL,
DANS MES JOURS SANS REPOS,
TE VOIR OU T'ESPÉRER,
ADOUCISSENT MES MAUX.

– *Jacques Delille* –

Vous devez être le changement
que vous voulez voir dans ce monde.

- GANDHI -

LÀ OÙ *l'on s'aime,*
il ne fait JAMAIS NUIT.

– PROVERBE AFRICAIN –

AU FOND DE CHAQUE CŒUR
SOMMEILLE UN RÊVE,
ET LE COUTURIER LE SAIT :
CHAQUE FEMME EST UNE PRINCESSE.

- Christian Dior -

CHAQUE HOMME *dans sa nuit*
s'en va VERS SA LUMIÈRE.

– Victor Hugo –

PRENEZ DU REPOS : UN CHAMP QUI S'EST REPOSÉ DONNE UNE RÉCOLTE ABONDANTE.

- Ovide -

Si longue que soit une nuit d'hiver,
le soleil la suit toujours.

– PROVERBE TOUAREG –

Hâte-toi de bien vivre

ET SONGE QUE CHAQUE JOUR

est à lui seul

UNE VIE.

– Sénèque –

Souvenez-vous que ne pas obtenir
ce que vous voulez est parfois
un merveilleux coup de chance.

– LE DALAÏ-LAMA –

Ne demeure pas

DANS LE PASSÉ,

ne rêve pas du futur,

CONCENTRE TON ESPRIT

sur le moment présent.

— BOUDDHA —

LA BONNE HUMEUR
EST UN BON COMPAGNON DE VOYAGE.

– *Paul de Kock* –

CELUI QUI PRÉFÈRE LE SOURIRE
À LA COLÈRE EST TOUJOURS LE PLUS FORT.

– *Proverbe japonais* –

LA TENDRESSE A DES SECONDES QUI BATTENT PLUS LENTEMENT QUE LES AUTRES.

– *Romain Gary* –

Chacune de NOS LECTURES
LAISSE *une graine qui germe.*

- JULES RENARD -

LA TENDRESSE DU CŒUR,
C'EST CE QUE LA NATURE
A DONNÉ AUX HOMMES EN LEUR
ACCORDANT LES LARMES.

- *Suétone* -

LE RÊVE
EST LA FORME SOUS LAQUELLE
TOUTE CRÉATURE VIVANTE
POSSÈDE LE DROIT AU GÉNIE,
À SES IMAGINATIONS BIZARRES,
À SES MAGNIFIQUES
EXTRAVAGANCES.

– Jean Cocteau –

Sois heureux un instant,
cet instant c'est ta vie.

- OMAR KHAYYĀM -

Chaque coup de colère

EST UN COUP DE VIEUX ;

chaque sourire

EST UN COUP DE JEUNE.

– Proverbe chinois –

QUEL EST LE PLUS IMPORTANT, RÉUSSIR OU TROUVER UN SENS À VOTRE EFFORT DE RÉUSSIR ?

– *Shunryu Suzuki* –

CELUI QUI
SE CONNAÎT
LUI-MÊME
EST SAGE.

– *Lao Tseu* –

UN CORPS LIBRE
DE TENSIONS ET
DE FATIGUE PERMET
D'AFFRONTER
TOUTES
LES COMPLEXITÉS
DE LA VIE.

– *Joseph Pilates* –

VIVRE, C'EST SE RÉVEILLER LA NUIT
DANS L'IMPATIENCE DU JOUR À VENIR,
C'EST S'ÉMERVEILLER DE CE QUE
LE MIRACLE QUOTIDIEN SE REPRODUISE
POUR NOUS UNE FOIS ENCORE,
C'EST AVOIR DES INSOMNIES DE JOIE.

– *Paul-Émile Victor* –

Le véritable BIEN
SE TROUVE dans le repos
de la CONSCIENCE.

– Sénèque –

RÊVER, PLANIFIER, AVOIR FOI EN DEMAIN.
MAIS SURTOUT, VIVRE AUJOURD'HUI !

– *Augusto Branco* –

Directeur de publication : **Didier Ballot**
Directrice éditoriale : **Marie Roussos**
Éditrice : **Loriane Pak-Bishop**
Correction : **Trémas (Fanny Druïlle)**
Maquette de la couverture, création graphique et mise en page de l'intérieur :
Trémas (Fanny Druïlle)

Crédits iconographiques : © **Shutterstock**
Imprimé en UE par Typo'Libris
Dépôt légal : **octobre 2022**
ISBN : **978-2-38355-265-9**